Gabi Baier

Gefährliches Spiel in Essen

Deutsch als Fremdsprache

Gemeinsamer europäischer Referenzrahmen A2 + B1

Ernst Klett Sprachen
Stuttgart

Gabi Baier

Gefährliches Spiel in Essen

1. Auflage 1 5 4 3 2 1 | 2012 2011 2010 2009 2008

Alle Drucke dieser Auflage können nebeneinander benutzt werden, sie sind untereinander unverändert. Die letzte Zahl bezeichnet das Jahr des Druckes.

www.klett.de

Redaktion: Jutta Klumpp-Stempfle
Zeichnungen: Sepp Buchegger, Tübingen
Umschlaggestaltung: Elmar Feuerbach
Satz: Swabianmedia, Stuttgart
Druck: AZ Druck und Datentechnik GmbH, Kempten / Allgäu
Printed in Germany.

Tonregie und Schnitt: Ton in Ton Medienhaus, Stuttgart
Sprecher: Christian Büsen

ISBN 978-3-12-556011-6

Inhalt

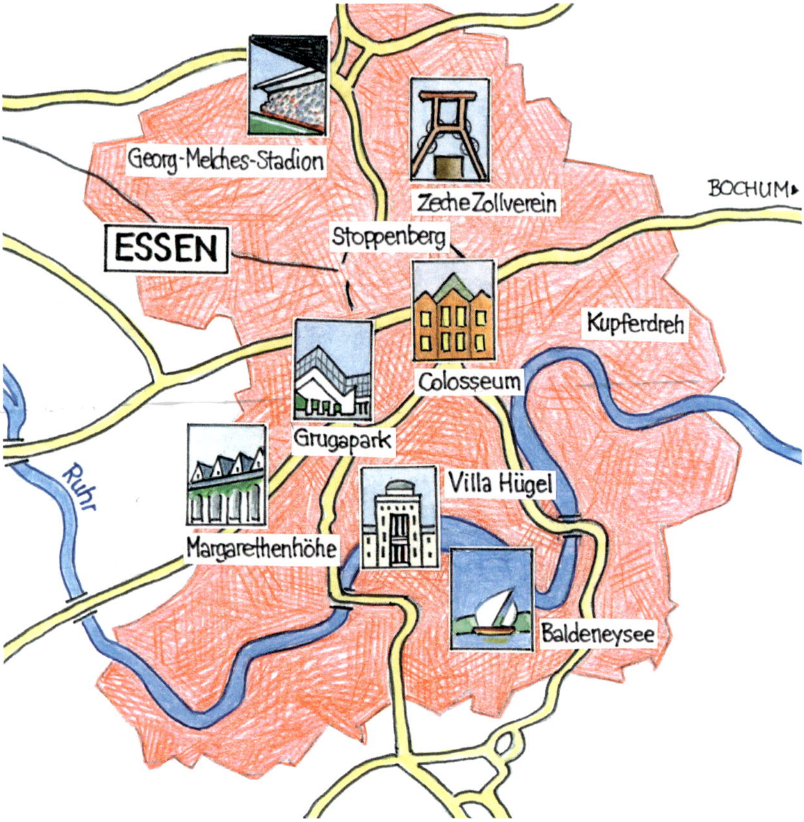
Georg-Melches-Stadion
Zeche Zollverein
BOCHUM
ESSEN
Stoppenberg
Kupferdreh
Colosseum
Grugapark
Ruhr
Villa Hügel
Margarethenhöhe
Baldeneysee

Personen

Friso Breugel, 29 Jahre, Journalist aus Holland. Er soll in *Essen* einen Artikel für eine Architekturzeitschrift schreiben.

Martin Faber, 54 Jahre, ist Referent der Stadt *Essen*. Er ist sehr freundlich und stolz auf ‚seine' Stadt.

Hartwig Köhler, 43 Jahre alt, Bauunternehmer und Investor. Er ist sehr reich und erfolgreich.

Uwe Koslowski, 32 Jahre alt, arbeitet als Architekt. Er hat die Pläne für eine Wohnanlage von Köhler gemacht.

*

Horst Briske, 62 Jahre, ist ein ehemaliger Bergarbeiter. Heute macht er Führungen durch die *Zeche Zollverein*.

Sofia Galanis, 27 Jahre, ist Griechin und bewohnt mit ihrem Mann und den zwei Kindern eine Wohnung in einer Wohnanlage von Köhler. Sie ist sehr unzufrieden.

Petra Dressler, 34 Jahre, ist Bauingenieurin und zuständig für die statischen Untersuchungen auf ehemaligem Zechengelände.

1

„Was will der eigentlich von uns?“ Hartwig Köhler macht ein mürrisches Gesicht.

„Informationen. Für einen Artikel. Er arbeitet für eine holländische Architekturzeitschrift“, antwortet Martin Faber.

„Und worüber genau schreibt er?“

„Über unsere Stadt. Besonders über alte Industriedenkmäler. Na, und dann über Ihre modernen Wohnanlagen ... zum Beispiel da auf dem alten Zechen... Hm, schauen Sie mal, Köhler, das muss er sein!“

„Wer?“

„Na, Friso Breugel, der Journalist!“

„Der junge Mann da in der Jeans und dem grünen Jackett – mit den blonden Haaren?“

„Ja genau, der sucht doch jemanden ... uns! Hallo! Sind Sie Herr Breugel?“

„Ja, hallo! Und Sie sind Herr Faber, der Referent der Stadt *Essen*?“

„Ja, der bin ich! Guten Tag, Herr Breugel, ... und das hier ist Herr Köhler, der Bauunternehmer.“

„Guten Tag Herr Faber, guten Tag Herr Köhler. Vielen Dank für Ihre Einladung.“

„Gern geschehen. Ihre freundliche Bitte konnten wir ja nicht abschlagen!“, meint Martin Faber.

„Ja, ich freue mich auf Essen! Und nicht viele nehmen sich Zeit für uns Journalisten.“

„Aber nein! Wir freuen uns über Ihr Interesse an unserer Stadt ... Hatten Sie eine gute Fahrt?“

„Ja, kein Stau, kein Unfall, nichts, die Autobahn war ziemlich leer.“

„Da haben Sie aber Glück gehabt!“

„Ja, ich bin sehr früh losgefahren, ‚Morgenstund hat Gold im Mund‘!“

2 **mürrisch** schlecht gelaunt, unfreundlich – 7 **die Wohnanlage, -n** begrenztes Gebiet, in dem es nur Häuser/Wohnungen gibt – 8 **die Zeche, -n** Bergwerk, Grube, dort baut man Kohle ab – 11 **der Journalist** *hier:* er schreibt einen Bericht für eine Zeitschrift – 22 **abschlagen** Nein sagen – 29 **Morgenstund hat Gold im Mund** *Sprichwort:* Wer morgens früh mit der Arbeit anfängt, kann viel machen, erreichen

„Sie sprechen sehr gut Deutsch, Herr Breugel."
„Danke, aber meine Mutter ist Deutsche."
„Ah, das ist der Grund. Mit zwei Sprachen aufwachsen, das ist sehr gut."
„Ja, das ..."
Das Handy von Hartwig Köhler klingelt.
„Entschuldigung, ... mein Handy! Ja! Ja, ... ja, okay. Ich komme sofort."
„Sie müssen gleich wieder los, Herr Köhler? Das ist aber schade", sagt Friso Breugel.
„Ja, ... äh ... Sie entschuldigen mich. Es gibt ... äh, meine Sekretärin ... ich habe noch einen wichtigen Termin."
„Nun, dann müssen Sie beide sich wohl ein anderes Mal treffen, meine Herren. Ich kann Ihnen leider nur Informationen über unsere Stadt geben, Herr Breugel. Für die Finanzen und den Bau der Wohnanlage ist in diesem Fall Herr Köhler zuständig."
„Ja, kein Problem von meiner Seite. Ich habe ein paar Tage frei ... für die Recherche. Darf ich Ihnen meine Karte geben, Herr Köhler? Da ist auch meine Handy-Nummer. Für den Fall ..."
„Ja danke, Herr Breugel. Also dann, auf Wiedersehen. Äh, ... hat mich gefreut."
Schnell läuft Köhler Richtung Parkplätze.
Herr Faber schaut auf seine Uhr.
„Nun, es ist schon Viertel vor zwei, um zwei beginnt die Führung durch unser ‚Welterbe' ... Gehen wir rein ins Casino."
„Casino?"
„Das ist diese große Halle hier ... bitte nach Ihnen."
Martin Faber hält Friso die Tür auf.

15 **Finanzen** *(Pl.) hier:* Geld für ein Projekt – 16 **zuständig sein** Chef von einem Projekt sein – 18 **die Recherche** die Suche nach Informationen

„Oh, das ist … das ist wirklich spektakulär!"
„Ja, das ist die alte Kompressorenhalle. Heute, wie Sie sehen, ein elegantes Restaurant. Kronleuchter, Säulen, hohe Decken … nicht zuletzt wegen ihrer Architektur ist die *Zeche Zollverein* ein Welterbe. Ach übrigens, was wissen Sie bereits über diese Zeche, Herr Breugel?"
„Oh, einiges. Also, 1847 begann hier in der Region der Bergbau. 1932 war die Zeche die modernste der Welt. Zu ihren besten Zeiten arbeiteten hier 5000 Bergleute. Mehr als 210 Millionen Tonnen Kohle brachten sie nach oben. Rund um die Zeche entstanden viele Arbeitersiedlungen. 1986 war dann Schluss mit der Förderung und 2001 wurde sie UNESCO-Weltkulturerbe …"
„Mensch! Sie sind ja ein wandelndes Lexikon."
Friso freut sich über das Kompliment. „Ach, … ich habe nur ein bisschen im Internet gesurft. Es ist faszinierend, wie sich diese Region verändert. Früher Industriegebiet, heute so viel Kultur und Attraktionen für Touristen. Das ist total interessant."
„Ja, stimmt und darum wollen Sie ja auch über uns berichten!"
„Genau!"

16 **der Bergbau** Abbau von Kohle – 23 **die Förderung** *hier:* der Abbau von Kohle – 25 **ein wandelndes Lexikon sein** sehr viel wissen

„Ah, da ist Briske. Er war hier früher Steiger. Heute macht er Führungen durch die Zeche. Wirklich gut der Mann. Guten Tag, Herr Briske!“
„Tach die Herrn! Na, dann wolln wa ma, wat?“

2

„So, früher mussten se sich erssma umziehn, die Bergleute. In so schicke Klamotten konnten die hier nix machen.“
Horst Briske hält ihnen die Tür auf zur ehemaligen Waschkaue. Ein dunkler Raum mit ein paar alten Haken für die Kleidung, oben an der Decke.
„Hier ham sich die Bergleute gewaschen und sich umgezogen, ’ne dunkle Baumwolljacke und ’ne Hose, und dann bekam jeder noch’n Helm. Für die Sicherheit. Die sahen dann nachher alle so aus wie ich getz für die Touristen.
Heutzutage is dat nun ’n Raum für Tanzveranstaltungen.“
„Zum Tanzen?“ Friso kann es kaum glauben.
„Ja, dat muss man sich ma reinziehn. Wir ham hier inne Zeche früher maloocht und die fagnügen sich man da. Überhaupt, hier is getz alles für’s Fagnügen. Inne ehemalige Kokerei kannze schön Kaffee trinken, in’n Maschinenhallen kannze Kunst begucken oder ’n Candle-Light-Dinner ham. Grad noch, dat se nich unter Tage essen …, und ein Bergmanns-Chor singt ‚Glück auf‘ dazu.“
Briske lacht bei dem Gedanken.
„Verrückte Welt is dat. Wir gehn früher mit’n Korb ab unter Tage

1 **der Steiger** Vorarbeiter im Bergbau – 4 **Tach!** *in Essen für* Guten Tag! – 4 **Wolln wa ma, wat?** *in E. f.* Wollen wir mal, was? – 6 **erssma** *in E. f.* erst einmal – 6 **se umziehn** *in E. f.* sich umziehen – 8 **nix** *in E. f.* nichts – 10 **die Waschkaue** Raum unter Tage, in dem sich die Bergleute umziehen konnten – 14 **ham** *in E. f.* haben – 17 **getz** *in E. f.* jetzt – 18 **is dat** *in E. f.* ist das – 20 **reinziehn** *in E. f.* verstehen, klarmachen – 20 **inne** *in E. f.* in der – 21 **maloocht** *in E. f.* gearbeitet – 21 **fagnügen** *in E. f.* sich vergnügen, Spaß haben – 22 **die Kokerei** Kokswerk (Koks = Kohle) – 22 **kannze** *in E. f.* kannst du – 23 **begucken** *in E. f.* anschauen – 24 **unter Tage** unter der Erde (Bergbau) – 25 **‚Glück auf‘** altes Bergmannslied (*siehe Seite 31*) – 27 **der Korb** *hier:* der Aufzug nach unten in den Berg

und hatten Fracksausen, … na Muffe, dat wa heile wieda nach oben kam …"

„Fracksausen, Muffe, was ist das?" Friso versteht nicht.

„Gute Frage! Dat is nix weiter als Angst."

„Hatten Sie denn große Angst?"

„Bisken schon. Passiern kann immer wat … So, gehn wa ma weita … hier lang."

Fast zwei Stunden lang folgen die drei dem ‚Weg der Kohle'. Briske erzählt ihnen dabei von seinem früheren Alltag und der harten Arbeit. Er erklärt ihnen auch die Maschinen, Geräte und Werkzeuge, die sie auf dem Rundgang sehen.

„Und dat hier issen Abbauhammer. Dat is dat Dingen, wo wir früher die Kohle mit abgehaun ham, in den Stolln …"

Plötzlich löst sich eine der Loren von der Wand und rollt direkt auf Friso Breugel zu.

„Wat is dat denn? … Mensch! … Hau ma sofort ab da!!!", ruft Briske.

Breugel kann gerade noch rechtzeitig auf die Seite springen, schürft sich aber an der Wand die rechte Hand auf.

„Das war aber knapp! Alles in Ordnung? Lassen Sie mal sehen." Martin Faber nimmt Frisos Hand und schaut sie an.

„Halb so schlimm. Das geht schon!" Friso holt ein Taschentuch aus seiner Hosentasche.

„Nein. Das blutet ja. Das muss ein Arzt ansehen! Wir fahren schnell ins Krankenhaus."

„Das ist absolut nicht nötig! Ich kann das mit dem Taschentuch verbinden."

1 **wieda** *in E. f.* wieder – 2 **kam** *in E. f.* kommen – 6 **bisken** *in E. f.* ein bisschen – 11 **der Rundgang** ein Weg, der dort wieder endet, wo er angefangen hat – 12 **issen** *in E. f.* ist ein – 13 **abgehaun** → **abhauen** *hier:* mit dem Hammer die Kohle abschlagen – 13 **der Stollen** Etage unter Tage (Bergbau) – 19 **hau … ab** → **abhauen** schnell weglaufen – 24 **sich aufschürfen** *hier*: sich verletzen

„Sie brauchen eine Tetanusspritze … zu gefährlich sonst … Briske, wie weit ist es noch bis zum Ausgang?"
„Dat is nich weit. Kommse, ich zeig' Ihnen wo's lang geht. Nur man schade, Sie verpassen den Höhepunkt von unsern Rundgang: Den Rundblick über's Ruhrgebiet vonne 40 Meter hohen Aussichtsturm der Kokerei."

„Ja, das ist wirklich schade. Trotzdem, vielen Dank. Das war eine sehr interessante Führung!" Martin Faber bedankt sich.
„Da nich für. War mir 'n Fagnügen. Und alles Gute für die Hand."
„Ja, danke. Auf Wiedersehen!"

3

„Hm, das war doch klar, nichts Schlimmes … nur eine kleine Schürfwunde! Und wegen so was ein Theater mit Krankenhaus, Arzt und Spritze … Na, vielleicht musste das sein … wegen der Versicherung."
Friso hat einen Verband an der rechten

1 **die Tetanusspritze** Schutzinjektion bei einer blutenden Hautverletzung – 3 **kommse** *in E. f.* kommen Sie – 9 **da nich für** *in E. f.* keine Ursache, das habe ich gerne gemacht

Hand und ist genervt. Er sucht seinen Zimmerschlüssel, mit der linken Hand.

„Ach, da ist er ja!"

Er will seine Hotelzimmertüre öffnen.

„Seltsam?! Ich habe doch abgeschlossen?!"

Er geht langsam ins Zimmer und sieht sich vorsichtig um. – Nichts. Niemand.

„Hirngespinste! Scheint alles so wie vorher."

Friso zieht sein Jackett aus und hängt es über den Stuhl. Er geht zum Fenster und schaut hinaus. Sein Hotel hier im Süden, im Stadtteil *Kupferdreh*, liegt sehr schön ruhig und im Grünen. Es ist ein kleines gemütliches Hotel garni. Er ist sehr müde, er gähnt. Plötzlich sieht er im Augenwinkel etwas Schwarzes.

„He, meine Aktentasche … die stand doch nicht neben dem Bett! Die stand neben dem Schrank."

Friso geht zum Bett, zögert und öffnet dann die Tasche.

„Der Stadtplan von *Essen* … noch da. Die Infos über die *Zeche Zollverein* … auch noch da. Mein Vertrag mit dem Verlag, der Journalistenausweis … alles da! Und wie kommt die Tasche hierhin?", fragt sich Friso.

„Das war sicherlich das Zimmermädchen! Ruhig Friso! Heute war ein anstrengender Tag."

4

„Hatten Sie eine gute Nacht?", fragt Martin Faber.

„Ja, danke. Das Hotel ist wirklich empfehlenswert. Ruhiges Zimmer, bequemes Bett, exzellentes Frühstück!"

„Prima! Sag ich dem Köhler."

„Wieso?"

„Na, dem gehört das Hotel."

„Ach … das ist ja interessant!"

8 **das Hirngespinst, -e** etwas Eingebildetes, nicht real – 12 **Hotel garni** Hotel, das nur Frühstück anbietet – 14 **die Aktentasche** Tasche für Dokumente – 22 **anstrengend** etwas kostet viel Kraft – 24 **empfehlenswert** *hier:* man kann jemandem dieses Hotel empfehlen, es ist gut

Martin Faber hält Friso die Tür seines Autos auf.
„So, los geht's mit unserer Tour durch *Essen*! Sie wollen doch was erleben."
„Wo fangen wir denn an?"
„Na, wir sind hier im Süden von *Essen*, also beginnen wir mit der Südtour!"
Sie fahren Richtung *Baldeneysee*. Die Sonne scheint, und *Essen* zeigt sich von seiner besten Seite.
„Hier rechts sehen Sie jetzt den *Baldeneysee*, das ist unser Naherholungsgebiet."
„Und woher kommt das viele Wasser?"
„Das ist der Stausee der *Ruhr*."
„Na, dann kommen am Wochenende sicherlich viele Leute her?"
„Da können Sie sicher sein. Ich bin selbst oft hier zum Segeln oder Wandern. Möchten Sie vielleicht eine Seerundfahrt machen? Dauert zwei Stunden!"
Friso lacht. „Nein, danke. Wasser und Boote gibt's in Holland genug. Ich bin gespannt auf die Bauwerke."
„Okay, dann fahren wir weiter zur *Villa Hügel*. Das ist nicht weit."
„*Villa Hügel*?"
„Ja, das ist der ehemalige Wohnsitz der Familie Krupp. Sie haben die Schwerindustrie in *Essen* gegründet."
„Stahl, richtig?"
„Richtig!"
„Und was ist da heute drin?"
„Kunstausstellungen! Und natürlich eine Ausstellung zur Geschichte der Familie und der Firma."
Martin Faber fährt zur Villa hoch und hält dort kurz an.
„Oh, mit Blick auf den *Baldeneysee*! Nicht schlecht. So werde ich wohl nie wohnen", meint Friso.

10 **das Naherholungsgebiet** Parks und Grünanlagen in der Nähe einer Stadt – 12 **der Stausee** künstlicher See, entsteht durch Aufstauen von Wasser – 12 **die Ruhr** Nebenfluss des *Niederrheins*, fließt durch *Essen*. Das Ruhrgebiet hat seinen Namen von diesem Fluss. – 18 **gespannt** *hier:* neugierig – 18 **das Bauwerk, -e** großes Gebäude mit beeindruckender Architektur – 21 **ehemalig** früher

„Nein, eher so wie in der *Margarethenhöhe*. Dorthin kommen wir gleich. Das ist eine Siedlung für Krupp-Mitarbeiter."
Sie fahren weiter Richtung Nord ..., aber erst zum *Grugapark*.
„Sie wollen mir wohl zeigen, wie grün *Essen* und das Ruhrgebiet sind, stimmt's?"
„Genau. Heutzutage ist das besonders wichtig."
Martin Faber parkt sein Auto.

2 **die Siedlung** Gruppe von gleichartigen, kleinen Wohnhäusern mit Garten am Stadtrand

„So, hier machen wir jetzt einen kleinen Spaziergang."

„Gern, die frische Luft tut gut."

„Ja, sehr ... Wissen Sie, dieser Park ist einer der schönsten in ganz Deutschland. Hier gibt es verschiedene Teiche, Wasserspiele, einen Aussichtsturm, Volieren mit Greifvögeln, einen Konzertgarten, Pflanzen-Schauhäuser, eine Orangerie für Ausstellungen ..."

„Aber das müssen wir uns nicht alles heute ansehen, oder?"

Martin Faber lacht. „Nein, das schaffen wir auch gar nicht. Aber wir können von hier zu Fuß zur *Margarethenhöhe* gehen."

Sie gehen die *Lührmannwaldstraße* entlang, überqueren die *Sommerburgstraße*. Und dann geht es durch ein paar kleine Seitenstraßen in der Siedlung.

„Das ist wirklich schön hier", sagt Friso.

„Ja, eine richtige Gartensiedlung. Krupp baute sie für seine Mitarbeiter, damals zwischen 1909 und 1939."

„Toll, und auch heute noch wirkt sie modern."

Sie gehen noch ein kleines Stück, dann kehren sie zum Auto zurück.

„So jetzt fahren wir zum *Colosseum*!"

„Aber nicht nach Rom, oder?" Friso lacht.

„Nein, wir haben auch eins, in der Stadt. Sie werden es ja sehen."

Sie fahren über die *Hans-Böckler-Straße* Richtung Norden an der Innenstadt vorbei und dann nach rechts in die *Altendorfer Straße*.

„So, diese rote Halle mit ihren drei ‚Schiffen' ist unser *Colosseum*! Heute eine Halle für Konzerte und Musicals, früher eine Fabrik."

„Das ist wirklich interessant!"
„Ja, nicht? Und wie wär's jetzt mit etwas zu essen ... etwas Typischem? Und lecker! In einer ‚Pommesbude', nicht weit von hier."
„Pommesbude, was ist das?"
„Oh, das ist etwas zwischen Schnellrestaurant und einem Stand auf dem Markt, wo man was essen kann."
„Na, jetzt bin ich aber neugierig."
Sie lassen das Auto stehen und gehen die paar Meter zu Fuß.

1 **das Schiff** *hier:* ein Gebäudeteil – 5 **lecker** schmeckt sehr gut

„Was nehmen Sie? Ein Grillhähnchen oder eine Currywurst mit Pommes frites, Ketchup und Mayonnaise?“

„Das Grillhähnchen, bitte.“

Die Besitzerin kennt Martin Faber gut, er isst hier öfter.

„Else, für meinen Gast einmal den Flattermann und für mich die Schlemmerplatte rot-weiß.“ Er grinst.

„Geht in Ordnung. Wollt ihr drinnen sitzen oder draußen stehn?“

„Drinnen sitzen. Draußen ist es noch zu kalt.“

Sie schiebt die beiden vollen Teller über den Tresen. „Macht acht Euro neunzig.“

„Das geht auf meine Rechnung!“, sagt Martin Faber und bezahlt.

„So, dann guten Appetit, Herr Breugel. Ist alles rein Bio und total gesund, was Else?“

„Klar!“

Alle lachen. Auch Friso schmeckt das Essen.

„So … dann bis heute Abend vor dem Eingang *Georg-Melches-Stadion*, in der *Hafenstraße* – nicht vergessen.“

„Ja, alles klar. Bis dann und danke für … den Flattermann!“

5

„N’Abend. War leicht zu finden, oder?“, fragt Martin Faber.

„Ja, kein Problem! Wer spielt denn eigentlich gegen wen?“

„Dynamo Dresden gegen Rot-Weiß-Essen.“

„Und, … für wen sind Sie?“ Friso grinst bei der Frage. Er kennt bereits die Antwort.

„Na, für wen wohl?!“ Martin Faber sieht Friso fragend an, dann grinst auch er.

„So, dann woll’n wir mal.“ Sie gehen ins Stadion. Durch die Lautsprecher schallt das Lied ‚Glück auf …‘

„Warum spielen sie dieses Lied, wir sind doch nicht in der Zeche?“, fragt Friso.

„Es ist ein Heimspiel … also, das Team von *Essen* spielt ‚zu Hause‘… und da spielen sie dann immer dieses Lied … als Hymne.“

6 **grinsen** lächeln

„Ah, verstehe! So sind die Spieler besonders motiviert und wollen unbedingt gewinnen."

„Ja, genau!" Martin Faber reibt sich die Hände.

Das Spiel ist spannend, schnell und dynamisch. Die Fans von ‚Rot-Weiß-Essen' grölen. In der zweiten Halbzeit sind sie 2:1 in Führung.

„Tor! Tor! Tooor!!! Großartig! Mensch! 3:1! Nur noch zwei Minuten Spielzeit. Das können die Dresdner nicht mehr aufholen!" Dann ist das Spiel zu Ende und Martin Faber strahlt.

„Na, Sie sind ja ein großer Fußball-Fan!", meint Friso.

„Oh ja! … Sie nicht?"

„Ist mal ganz interessant, so ein Spiel, aber …"

„Welcher Sport interessiert Sie denn?"

„Nun, ich bin mehr für Wassersport. Trotzdem, vielen Dank für das Erlebnis."

„Bitte, gern geschehen! Das gehört einfach dazu … zu so einer Tour durch *Essen*."

Martin Faber und Friso Breugel sind mit vielen anderen Fans auf der Treppe zum Ausgang.

Plötzlich knickt Friso um und verliert den Halt.

5 **grölen** laut und nicht schön singen, schreien – 6 **in Führung sein** besser sein – 9 **strahlen** ein fröhliches Gesicht machen

„Mensch, was machen Sie denn?!“ Martin Faber kann Friso gerade noch am Arm festhalten.
„Auf der Treppe mit so vielen … das ist nicht ganz ungefährlich!“
„Das war nicht die Treppe! Sehen Sie nicht … da … der Kerl …, der da unten rennt? Der hat mich … Mann, der sieht ja aus wie Ihr Kollege!“
„Mein Kollege???“
„Ja, der … gestern … an der Zeche!“
„Ach, … Sie meinen Köhler! Das ist nicht mein Kollege. Und der ist bestimmt nicht hier. Der arbeitet … immer. Für’s Stadion hat der keine Zeit!“
Friso reibt seinen Fuß.
„Schlimm? Brauchen Sie einen Arzt?“
„Nein, aber es tut sehr weh!“
„Soll ich Sie nach Hause … äh … zum Hotel fahren?“
„Nein danke, es geht schon. Mein Wagen steht da vorne auf dem Parkplatz.“

6

„So, jetzt hier über die *Ruhr* …“ Friso schaltet zurück in den zweiten Gang.
„Und dann … Richtung *Essen-Kupferdreh*. Dann bin ich gleich beim Hotel.“
Er beschleunigt wieder. Er liebt seinen kleinen roten Flitzer. Seine Schmerzen am Fuß hat er fast vergessen.
„Wie fährt der denn? Mit 30! Das darf doch nicht wahr sein!“
Vor ihm fährt ein großer schwarzer BMW.
„In der Stadt und auf der *Theodor-Heuss-Brücke* war der doch noch

8 **rennen** schnell laufen – 23 **schalten** den Gang wechseln, *hier:* danach langsamer fahren – 27 **beschleunigen** Gas geben, schneller fahren – 27 **der Flitzer** kleines schnelles Auto

hinter mir?! Die Scheinwerfer waren so grell ..." Friso erinnert sich genau.
„Na, dann zeig' ich dir mal, wie man richtig fährt ..."
Friso schaut in den Rückspiegel, gibt Gas, will den BMW auf der linken Spur überholen. Plötzlich ... der BMW beschleunigt auch ... sie fahren nebeneinander.
„Ja ... ist denn der verrückt? Will der mich umbringen?!"
Friso bremst, fährt auf die rechte Fahrspur zurück und ist wieder hinter dem BMW. Nach einer Weile versucht er es noch einmal. Und wieder ... Friso beschleunigt und der BMW auch. Friso fährt langsamer, der BMW auch. Jetzt fahren sie wieder nebeneinander.

Da ... vor Friso ... plötzlich ... zwei Scheinwerfer.
„Himmel! Nein! ... Gegenverkehr!"
Friso bremst, sein kleines rotes Auto schlingert ... und es kommt gerade noch rechtzeitig zum Stehen, ganz links neben der Straße. Der andere Wagen blinkt, hupt und fährt vorbei. Und der BMW ... beschleunigt und rast davon. Frisos Herz klopft wie verrückt.
„Was war das? Wer war das ... da im BMW? Warum ...? Was will ...?"
Nur langsam wird er ruhiger.
„Ich muss die Polizei rufen! Aber was soll ich denen erzählen? ... Und wie war überhaupt das Kennzeichen? E - HK - ? E - KH - ? Ich weiß nicht, das ging alles viel zu schnell!"
Ganz langsam fährt er zu seinem Hotel.
„Vielleicht war das alles ja auch nur Zufall ...?" Friso sitzt im Hotelzimmer und denkt nach.
Erst spät geht er zu Bett und kann lange nicht schlafen.

1 **der Scheinwerfer, -** Lampen vorne am Auto – 4 **der Rückspiegel** innen im Auto, so kann man die Straße und die Autos hinter sich sehen – 7 **jmdn. umbringen** töten – 19 **schlingern** *hier:* das Auto bewegt sich nach links und rechts – 23 **rasen** sehr schnell fahren – 27 **das Kennzeichen** Schild am Auto mit Buchstaben und Zahlen – 30 **der Zufall** etwas ist nicht geplant

7

„Wo ist denn diese Wohnanlage … von dem Köhler? Ah, … Richtung *Stoppenberg* … im Norden von *Essen*."

Friso schaut in den Stadtplan, er ist wieder mit Martin Faber verabredet. Heute wollen sie zusammen eine neue Wohnanlage besichtigen, die Hartwig Köhler gebaut hat.

Pünktlich um 10 Uhr ist Friso dort.

„Dass man hier … so in der Nähe einer ehemaligen Zeche bauen darf?"

Er parkt seinen Wagen, Faber wartet schon auf ihn.

„Ah, da sind Sie ja, guten Morgen. Was macht denn Ihr Fuß?"

„Guten Morgen, Herr Faber. Danke, es tut nur noch ein bisschen weh."

„Na dann, kommen Sie, Herr Breugel, wir haben eine Verabredung. Wir können uns die Wohnung von Familie Galanis anschauen. Ich bin selbst sehr neugierig, ich war nämlich auch noch nie hier …"

„Das ist eine gute Idee! Von außen gefällt mir das alles recht gut. Hell, freundlich, jede Wohnung mit Balkon, große Fenster. Die Häuser versetzt – eines weiter vorn, eines weiter hinten – das sieht nicht so langweilig aus. Sehr modern, da möchte man selbst gern drin wohnen."

„Ja, diese Anlage ist wirklich gut geplant."

„Wer ist denn der Architekt?"

„Ein Uwe Koslowski, soweit ich weiß. Ein junger Mann, so in Ihrem Alter. Ich kenne ihn aber nicht persönlich."

„Von dem wird man bestimmt noch mehr sehen!" Friso hat seine Kamera dabei und macht ein paar Fotos.

13 **die Verabredung** man trifft sich mit jemandem

„Herr Faber, Sie sagten, Sie waren noch nie hier? Aber ... wieso kennen Sie diese Anlage nicht?“

„Die Bebauung von ehemaligem Zechengelände ist Sache der ‚Evonik‘, nicht der Stadt.“

„Aha, ... das ist ...“

„Ja, sie genehmigen das Bauen hier und prüfen auch die Statik ... wegen der alten Stollen unter Tage.“

„Damit nichts passiert?“

„Genau!“

Sie klingeln bei Familie Galanis.

„Guten Tag, Frau Galanis! Mein Name ist Faber. Wir kommen wegen der Wohnungsbesichtigung, wir haben ja gestern miteinander telefoniert. Und das hier ist Herr Breugel, er ist Journalist.“

„Guten Tag, kommen Sie rein, bitte.“

„Schöne Wohnung ...“, meint Martin Faber.

„Ja, schön auf den ersten Blick ...! Bitte, kommen Sie ...“

Frau Galanis zeigt ihnen die drei Zimmer, die Küche und das Bad.

„Hier, sehen Sie ... überall Risse ... in der Decke im Kinderzimmer, da in der Küche ... in der Wand, sogar auf dem Balkon. Sehen Sie ... da!“

„Wie lange wohnen Sie denn schon hier?“, möchte Friso Breugel wissen.

„Wir wohnen hier von Anfang an ... seit diese Anlage fertig ist ... etwa acht Monate.“

„Und diese Risse? Wann kamen die?“

„So nach und nach ...“

„Und ... was machen Sie dagegen?“, fragt Martin Faber.

„Herr Köhler weiß das. Aber er macht nichts! Er sagt, die Wohnung gehört jetzt uns. Das ist unser Problem.“

3 **die Bebauung** auf einem Gelände z.B. Wohnhäuser bauen – 4 **Evonik** *Teile der ehemaligen Ruhrkohle AG* – 6 **genehmigen** erlauben – 12 **die Besichtigung** man sieht sich etwas an, *hier:* eine Wohnung

„Das tut mir leid, Frau Galanis, aber vielleicht …? Herr Breugel …!“
„Ja?“
„Ich schlage vor, wir fahren mal zu dem Architekten, dem Koslowski. Vielleicht hat der ja eine Idee, was das zu bedeuten hat.“
„Wie Sie meinen.“
„Auf Wiedersehen, Frau Galanis, und vielen Dank, dass Herr Breugel und ich …“
„Schon in Ordnung. Aber … bitte informieren Sie mich …“
„Selbstverständlich!“
Sie verlassen das Haus, nehmen Frisos Wagen und fahren Richtung Innenstadt … zum Büro von Uwe Koslowski.

8

„Herr Breugel, sehen Sie das?!“
„Was denn?“
„Hier auf der linken Seite … Fahren Sie mal langsamer, bitte!“
Friso schaut in den Rückspiegel, bremst und fährt rechts ran.
„Nun schauen Sie sich das mal an …! Ich war wohl lange nicht mehr hier …?!“

„Oh, das ist … sehr komisch! Überall schiefe Gardinen an den Fenstern … und das in Deutschland!“ Friso muss lachen.
„Nicht die Gardinen sind schief! Es sind … die Häuser!“
Friso schaut nochmal ganz genau hin. „Ja, … stimmt! Und wie kommt das?“
„Das ist wegen der alten Stollen unter Tage … die sind nicht immer so stabil. Und dann sinkt der Boden manchmal etwas ab.“
Martin Faber schaut … Plötzlich dreht er sich zu Friso um …
„Denken Sie dasselbe wie ich?“

9 **selbstverständlich** natürlich – 28 **stabil** so, dass etwas große Belastungen aushalten kann – 28 **absinken** *hier:* der Boden geht an einigen Stellen nach unten, ist tiefer

„Sie meinen, genau das passiert auch da ... in *Stoppenberg*? Der Grund unter den Häusern ... und die Häuser ...?“

„Genau! Und dann gibt es ...“

„... Risse in den Wänden! Aber hat Herr Köhler denn nicht ...?“

In dem Moment fährt ein großer schwarzer BMW an ihnen vorbei.

„E - HK -19..“, murmelt Friso und schüttelt den Kopf.

„Kennen Sie den?“

„Der Wagen kommt mir irgendwie bekannt vor! Ach, das habe ich Ihnen ja noch gar nicht erzählt. Gestern Abend hatte ich fast einen schlimmen Unfall, ein BMW ...“

„Sind Sie sicher, dass es gerade dieser war? Von denen fahren hier in *Essen* viele herum.“

„Hm ... ja, vielleicht war er es doch nicht?“ Friso will gerade weiterfahren, da klingelt sein Handy. Eine SMS. Friso schaut auf das Display. Die Nummer ist unterdrückt. Er ruft die Nachricht ab.

„Das ... das ist unglaublich! Das ... das müssen Sie sich ansehen!“

Friso gibt Herrn Faber sein Handy. Seine Hand zittert.

„Was ... was soll das denn? Wer schickt denn so was?“ Auch Martin Faber ist jetzt ganz aufgeregt.

„Hm, Herr Breugel, ... vielleicht haben Sie mit dem BMW ja doch recht ...?!“

„Ja, ich glaube schon.“

„Und, ... was wollen Sie jetzt machen?“, fragt Herr Faber und schaut Friso ratlos an.

„Wie kommen wir am schnellsten zum Büro von Koslowski?“

„Da fahren wir die Nächste rechts. An der Ampel dann links, ein Stück geradeaus und dann suchen wir einen Parkplatz. Haus Nummer 53, ein graues Mietshaus ... das Büro ist unten, in ’nem ehemaligen Tante-Emma-Laden.“

Sie fahren los.

6 **murmeln** sehr leise sprechen – 6 **den Kopf schütteln** den Kopf hin und her bewegen; man zeigt damit, dass man etwas nicht versteht – 8 **bekannt vorkommen** man hat das Gefühl, man hat etwas oder jmdn. schon mal gesehen – 15 **unterdrückt** *hier:* nicht zu sehen – 21 **aufgeregt** nervös – 31 **der Tanta-Emma-Laden** kleiner Laden, in dem man Lebensmittel kaufen kann *(gibt es nur noch selten)*

9

„Guten Tag! … Wo finden wir Herrn Koslowski?“, fragt Martin Faber.

Drei Mitarbeiter sitzen in einem großen Raum und arbeiten an ihren Computern.

„Dort hinten, in seinem Büro. Die Tür ist offen, Sie können gleich reingehen“, antwortet einer von ihnen.

„Danke!“

Sie sehen einen Mann, der gerade Aktenordner in ein Regal stellt.

„Herr Koslowski!“

Uwe Koslowski dreht sich um. „Ja, bitte!“

Er lächelt die beiden an.

„Mein Name ist Faber, ich bin Referent der Stadt *Essen*, und das ist Herr Breugel, er schreibt für eine Architekturzeitschrift.“

„Und, was kann ich für die Herren tun?“

„Herr Koslowski …“, beginnt Martin Faber, „… wir kommen gerade von der Wohnanlage, die Herr Köhler gebaut hat … da oben in *Stoppenberg*. Sie waren doch der Architekt?“

„Ja, stimmt! … Warum?“

„Es gibt da … Probleme. Wir waren heute bei der Familie Galanis. Die wohnt von Anfang an dort. Frau Galanis war so nett und hat uns ihre Wohnung gezeigt … eine Drei-Zimmer-Wohnung.“

„Aber … ich verstehe nicht … wo ist das Problem?“

„Das Problem ist ...“, Faber lässt sich nicht aus der Ruhe bringen, „… dass in der neuen Wohnung überall große Risse in den Wänden sind!“

„Risse in den Wänden? Aber das ist doch nicht möglich!“

„Haben Sie mal die Pläne? Da sind doch bestimmt auch die

27 **jemanden aus der Ruhe bringen** jemanden nervös machen

Unterlagen … äh … ich meine die Baugenehmigung … und auch die statischen Berechnungen dabei, oder? Ich meine die von der ‚Evonik'."

„Selbstverständlich! Moment, ich schaue gleich nach."

Koslowski geht an das Regal und sucht.

„Hier bitte … der Aktenordner!"

Gemeinsam sehen sie die Unterlagen durch. Es ist alles da. Die verschiedenen Pläne und auch die Papiere von der ‚Evonik'.

„Das ist doch …" Friso schüttelt den Kopf.

„… wahrscheinlich gefälscht!", beendet Faber Frisos Satz.

„Wie meinen Sie das?", fragt Uwe Koslowski.

„Ich meine, dass Köhler hier …!"

„Sie glauben, … er hatte gar keine Baugenehmigung? Und auch keine statischen Berechnungen? … Er baut einfach so …! Aber das ist doch nicht möglich!", ruft Koslowski.

„Genauso ist es aber!" Martin Faber ist sich jetzt sicher.

„Aber hier … mit Stempel und Unterschrift … das sieht doch alles ganz echt aus!", erwidert Koslowski.

„Kann ich mal von Ihrem Apparat aus telefonieren?", fragt Herr Faber.

„Ja, … aber … wen wollen Sie denn anrufen? Den Köhler …?"

„Nein, natürlich nicht! Ich muss mit jemandem von der ‚Evonik' sprechen."

„Ja, da habe ich eine Telefonnummer … hier bitte!"

„Danke … acht, sieben, zwei … Ach, Moment …" Martin Faber drückt noch einen Knopf, so können Breugel und Koslowski das Gespräch laut mithören.

1 **die Baugenehmigung** Erlaubnis (Baubehörde), dass ein Haus gebaut werden darf – 2 **statisch** so dass ein Haus stabil ist, nicht einstürzt – 16 **gefälscht** nachgemacht; nicht original, unecht – 22 **rufen** laut sprechen

„…, Petra Dressler, guten Tag!“

„Ja, hier Faber am Apparat, … Stadtverwaltung *Essen*. Guten Tag! Frau Dressler, Sie sind Bauingenieurin und für statische Berechnungen zuständig?“

„Ja, das bin ich. Was kann ich denn für Sie tun, Herr Faber?“

„Ja, Frau Dressler, … ich brauche eine Auskunft. Es ist sehr wichtig! Hat der Bauunternehmer Hartwig Köhler im letzten Jahr oder in den letzten anderthalb Jahren bei Ihnen einen Bauantrag gestellt … und statische Berechnungen für eine Wohnanlage in *Stoppenberg* machen lassen?“

„Köhler, sagten Sie?“

„Ja, … Köhler, mit ‚h‘!“

„Moment bitte, ich schaue im Computer nach … Nein! Im letzten Jahr und … auch in dem Jahr davor … kein Antrag von einem Herrn Köhler! Tut mir leid!“

„Danke, das wollte ich wissen. Sie haben uns sehr geholfen, Frau Dressler!“

„Gern geschehen! Auf Wiederhören!“

„Da haben Sie's gehört, meine Herren, nicht genehmigt das Ganze. Und alles auf unsicherem Grund!“

Die drei sehen sich an.

„Also auf zu Köhler! Stellen wir ihn mal zur Rede!“, schlägt Friso Breugel vor.

Koslowski geht kurz zu einem seiner Mitarbeiter und sagt ihm leise etwas ins Ohr.

Dann fahren die drei zusammen in Koslowskis Auto zu dem Haus von Köhler. Richtung Süden … hier gibt es im Grünen einige noble Villen.

6 **die Bauingenieurin** kontrolliert beim Hausbau Bau und Statik – 26 **jmdn. zur Rede stellen** jemand soll erklären, warum er etwas so gemacht hat – 32 **die Villa, Villen** ein großes, sehr teures Haus mit einem großen Garten

Eine von diesen gehört Köhler – typisch! Sehr groß, breite Einfahrt, zwei Garagen. Vor der einen steht … ein großer schwarzer BMW … mit dem Nummerschild … E-HK-1965.

„Dachte ich's mir doch gleich!“, ruft Friso, „das war also alles er, … gestern Abend … heute die SMS … oh, oh! Der hat wirklich Dreck am Stecken!“

„Ja, ganz sicher! Kommen Sie, wir wollen klingeln. Mal sehen, was er uns zu erzählen hat“, meint Martin Faber.

Sie klingeln. Eine junge Frau öffnet.

„Ja, bitte …?“

Im gleichen Moment heult ein Motor auf und der BMW rast mit hohem Tempo davon.

„Das darf doch nicht wahr sein!“ Martin Faber ist sehr wütend.

„Mist! Da waren wir wohl zu spät!“, ruft Friso.

Uwe Koslowski steht nur da und grinst.

„Was grinsen Sie denn so?“, will Faber wissen.

„Der kommt nicht weit!“

„Ah, und warum sind Sie da so sicher?“

„Nun …“, antwortet Koslowski schmunzelnd, „mein Mitarbeiter hat vom Büro aus die Polizei informiert! Die muss gleich kommen.“

Und tatsächlich. Sie können schon die Sirene hören.

10

Am nächsten Tag treffen sich Faber und Breugel mit Uwe Koslowski. Es ist Feierabend. Sie gehen zu einem Kiosk in der Nähe von seinem Büro. Heute kann man draußen stehen, es ist wärmer geworden.

12 **Dreck am Stecken haben** etwas Verbotenes getan haben – 20 **wütend** sehr verärgert sein – 21 **Mist!** Schimpfwort, man findet etwas schlecht – 26 **schmunzeln** lächeln, weil man sich über etwas freut – 28 **die Sirene** haben Polizei, Feuerwehr und Krankenwagen auf dem Auto als lautes Signal

„Drei Bier, bitte!“, bestellt Martin Faber.
Er bezahlt, nimmt die Gläser vom Tresen und bringt sie zu dem kleinen Stehtisch.
„Na, denn Prost, meine Herren! Wir haben was zu feiern!“ Faber hebt sein Glas hoch.

„Prost!“
„Prost!“
„Weil, weil weil ...“, klingt es aus dem Radio hinter dem Tresen. „Dies war ein Song der Gruppe ‚Einstürzende Neubauten‘. Es folgen nun die Nachrichten. Berlin ...“
Die drei schauen sich an.
„Musik zum Thema, was?“, meint Friso. Und alle drei lachen.
„Herr Breugel, nun zeigen Sie uns mal Ihren Artikel in der Zeitung. Wir wollen ihn lesen!“ Martin Faber ist neugierig.
Friso schlägt die ‚WAZ‘ auf.

> Gestern hat die Polizei den 43-jährigen Bauunternehmer Hartwig K. in der Nähe seines Hauses verhaftet. K. ist unter anderem bekannt für den Bau großer Wohnanlagen auf ehemaligem Zechengelände. Er steht unter dem dringenden Verdacht, zumindest eine dieser Anlagen ohne Genehmigung gebaut zu haben. Die Staatsanwaltschaft erhebt Anklage wegen Betrugs und Urkundenfälschung. Ihm drohen mehrere Jahre Haft ...

„Bravo! Wir erwarten aber auch noch einen Artikel in Ihrer holländischen Architekturzeitschrift. Über die positiven Seiten *Essens*: die Kioske, die Pommesbuden, die netten Menschen, die Zeche ... na, eben über all die Sehenswürdigkeiten!“, sagt Martin Faber und lacht.
„Ja, klar! ... Äh ... die nächsten drei Bier gehen auf meine Rechnung!“

18 **WAZ** Westdeutsche Allgemeine Zeitung – *Zeitungsartikel*: **verhaften** die Polizei nimmt eine Person fest – **bekannt** *hier:* viele Menschen kennen ihn und seine Wohnanlagen – **dringend** *hier:* ziemlich sicher – **der Verdacht** man denkt, jemand hat etwas Verbotenes gemacht – **die Staatsanwaltschaft** Anklage- und Untersuchungsbehörde des Staates vor Gericht – **der Betrug** jemand tut absichtlich etwas Verbotenes – **die Urkundenfälschung** ein Dokument machen, das nicht echt ist – **die Haft** jemand muss ins Gefängnis

So sagt man in Essen

begucken	anschauen
bisken	ein bisschen
da nich für	keine Ursache, das habe ich gerne gemacht
dat	das *oder* dass
erssma	erst einmal
fagnügen	sich vergnügen
getz	jetzt
ham	haben
inne	in der
is	ist
issen	ist ein
kam	kommen
kannze	kannst du
kommse	kommen Sie
maloochen	arbeiten
nix	nichts
reinziehn	verstehen, klarmachen
se umziehn	sich umziehen
Tach!	Guten Tag!
wieda	wieder
Wolln wa ma, wat?	Wollen wir mal, was?

Eigene Notizen

Das gibt es bei uns!

① **Dort gibt es viel zu sehen!**
Der *Grugapark* ist einer der größten und schönsten Parks in Deutschland. Er liegt in *Essen,* südlich der Innenstadt, zwischen den Stadtteilen *Rüttenscheid, Holsterhausen* und *Margarethenhöhe.*
www.grugapark.de

② **Currywurst und „Pommes rot-weiß“**
Wenn man **„Pommes rot-weiß“** bestellt, bekommt man eine Portion Pommes frites mit Ketchup und Mayonnaise.

③ **Das Steigerlied *oder* Glück-Auf!**
Den Text finden Sie unter: de.wikipedia.org/wiki/Steigerlied

Fragen und Aufgaben zu den einzelnen Kapiteln

Kapitel 1

1 Was passt zusammen? Kombinieren Sie.

1. Die Herren arbeiten als

① Friso Breugel	Ⓐ Referent
② Hartwig Köhler	Ⓑ Journalist
③ Martin Faber	Ⓒ Bauunternehmer

2. Die Herren sind

① Friso Breugel	Ⓐ mürrisch und unruhig
② Hartwig Köhler	Ⓑ freundlich und aufgeschlossen
③ Martin Faber	Ⓒ jung und dynamisch

2 Wo treffen sie sich? Kreuzen Sie an.

A vor Köhlers Wohnanlage ❑
B vor der *Zeche Zollverein* ❑
C auf dem Parkplatz der *Zeche Zollverein* ❑

3 Richtig (r) oder falsch (f)? Kreuzen Sie an.

	r	f
1. Friso Breugel will einen Artikel über Industriedenkmäler schreiben.	❑	❑
2. Köhler will mit Breugel über die Finanzen seiner Wohnanlage sprechen.	❑	❑
3. Faber will Breugel die Sehenswürdigkeiten in *Essen* zeigen.	❑	❑
4. Hartwig Köhler ist bei der Führung durch die *Zeche Zollverein* dabei.	❑	❑
5. Friso Breugel weiß noch nichts über die *Zeche Zollverein*.	❑	❑

4 Wann war das? Notieren Sie.

1986 • 2001 • 1932 • 1847

1. Beginn des Bergbaus ________
2. *Zeche Zollverein* wird UNESCO-Weltkulturerbe ________
3. *Zeche Zollverein* ist die modernste Zeche der Welt ________
4. Ende der Kohle-Förderung ________

Kapitel 2

1 Was ist richtig? Kreuzen Sie an.

Eine „Waschkaue" ist

A ein Tanzlokal für Bergleute ☐
B ein Raum zum Umkleiden ☐
C ein Raum für Kleiderhaken ☐

2 Ergänzen Sie.

Rundblick • Rundgang • Ausgang • Maschinen • Höhepunkt

Martin Faber und Friso Breugel machen zusammen mit Horst Briske einen ____________ durch die *Zeche Zollverein.* Briske zeigt und erklärt den beiden auch verschiedene Werkzeuge und ______________. Kurz vor dem ____________ verletzt sich Friso an der Hand. Das ist sehr schade. Faber und Breugel verpassen so den ____________ der Führung. Sie können nicht den ______________ über das Ruhrgebiet von dem Aussichtsturm der Kokerei genießen.

3 Antworten Sie.

Was war Briske früher von Beruf?

____

Kapitel 3

1 Notieren Sie.

1. Wo wohnt Friso Breugel?

____

2. Wie heißt der Stadtteil von *Essen*?

____

3. Was denkt Friso Breugel, ist passiert?

____

Kapitel 4

1 Faber und Breugel fahren durch *Essen*.
Wie ist die richtige Reihenfolge?

- [ ] *Colosseum*
- [ ] *Villa Hügel*
- [1] *Baldeneysee*
- [ ] *Margarethenhöhe*
- [ ] *Grugapark*

2 Was steht im Text? Notieren Sie.

1. *Colosseum* *Heute eine Halle für ...* ______
2. *Margarethenhöhe* ______
3. *Villa Hügel* ______
4. *Baldeneysee* ______
5. *Grugapark* ______

3 Finden Sie die richtige Antwort.

1. Welcher Mann hat viel für *Essen* getan?

______

2. Was ist eine „Pommesbude"?

______

3. Was bedeuten „Flattermann“ und „Schlemmerplatte rot-weiß“?

____

4. Wo verabreden sich Faber und Breugel für den Abend?

____

Kapitel 5

1 Was ist richtig? Kreuzen Sie an.

1. Sie spielen „Glück-Auf“ im Stadion.
   A Die Fans sollen grölen und in Stimmung kommen. ❑
   B Das motiviert die Spieler zum Gewinnen. ❑
   C Im Ruhrgebiet spielt man dieses Lied immer und überall. ❑

2. Wie geht das Fußballspiel aus?
   A 3:1 für *Essen* ❑
   B 2:1 für *Essen* ❑
   C 3:1 für *Dresden* ❑

2 Antworten Sie.

1. Was passiert auf der Treppe des Stadions?

____

____

2. Wen sieht Friso Breugel?

____

Kapitel 6

1 Was passiert Friso Breugel? Kreuzen Sie an.

- **A** Ein schwarzer BMW kommt ihm entgegen, und er fährt in den Graben. ❒
- **B** Ein großer BMW lässt ihn nicht vorbei, und er hat fast einen schlimmen Unfall. ❒
- **C** Ein BMW blendet ihn mit seinen Scheinwerfern, und er bremst neben der Straße. ❒

Kapitel 7

1 Finden Sie die richtige Antwort.

1. Wann treffen sich Friso Breugel und Martin Faber in *Stoppenberg*?

____

2. Was wollen Faber und Breugel hier machen?

____

3. Wer hat die Anlage geplant?

____

4. Wer hat die Anlage gebaut?

____

5. Welches Problem hat Familie Galanis?

____

6. Wie reagieren Faber und Breugel?

____

Kapitel 8

1 Wer sagt das? Faber (F) oder Breugel (B)?

	F	B
1. „Nun schauen Sie sich das mal an …!“	❑	❑
2. „Überall schiefe Gardinen an den Fenstern …!“	❑	❑
3. „Ja, … stimmt! Und wie kommt das?“	❑	❑
4. „Denken Sie dasselbe wie ich?“	❑	❑
5. „Sie meinen, genau das passiert auch da … in *Stoppenberg?*“	❑	❑
6. „Kennen Sie den?“	❑	❑
7. „Was … was soll das denn?“	❑	❑
8. „Ja, ich glaube schon.“	❑	❑

2 Was ist richtig? Kreuzen Sie an.

1. Breugel und Faber sehen ❑ schiefe Gardinen ❑ schiefe Häuser.
2. Die alten Stollen sind ❑ sehr stabil ❑ nicht so stabil.
3. In *Stoppenberg* passiert das ❑ nicht ❑ auch.
4. Ein ❑ schwarzes Auto ❑ schwarzer BMW fährt an ihnen vorbei.
5. Die SMS ist ❑ eine Frage ❑ eine Drohung.
6. Ein Tante-Emma-Laden ist ❑ ein Büro ❑ ein kleiner Laden.

Kapitel 9

1 Wie finden Sie Koslowski? Welche Adjektive passen?

hilfsbereit ❑
freundlich ❑
verdächtig ❑
unsympathisch ❑
nett ❑
kriminell ❑

2 Richtig (r) oder falsch (f)? Kreuzen Sie an.

	r	f
1. Nur Faber und Koslowski fahren zum Haus von Hartwig Köhler.	❑	❑
2. Köhler wohnt in einer Villa im Norden von *Essen*.	❑	❑
3. Eine junge Frau öffnet die Haustür.	❑	❑
4. Köhler will mit seinem BMW flüchten.	❑	❑
5. Koslowski hat die Polizei informiert.	❑	❑

Kapitel 10

1 Finden Sie die richtige Antwort.

1. Was feiern die drei Herren?

____

2. Warum lachen sie über die Nachricht aus dem Radio?

____

2 Welche Schlagzeile passt am besten zu dem Artikel in der Zeitung? Was denken Sie?

A Bauunternehmer drohen mehrere Jahre Haft! ❑
B Bauunternehmer baut nie wieder! ❑
C Auf Zechengelände ohne Genehmigung gebaut! ❑

Fragen und Aufgaben zum gesamten Text

**1 Sie kennen nun die ganze Geschichte.
Wie ist die richtige Reihenfolge?**

A
Martin Faber und Friso Breugel fahren zum Büro von Uwe Koslowski.

B
Nach dem Fußballspiel knickt Friso auf dem Weg zum Ausgang plötzlich um und verliert den Halt.

C
In seinem Hotelzimmer steht die Aktentasche plötzlich neben seinem Bett.

D
Breugel und Faber besichtigen in *Stoppenberg* die Wohnung der Familie Galanis.

E
Friso Breugel trifft Martin Faber und Hartwig Köhler.

F
Friso bekommt eine merkwürdige SMS.

G
Ein großer schwarzer BMW lässt Friso nicht überholen, und er hat fast einen schlimmen Unfall.

H
Die Polizei kann Hartwig Köhler in der Nähe seiner Villa verhaften.

I
In der *Zeche Zollverein* muss Friso einer Lore ausweichen und verletzt sich an der Hand.

J
Sie finden heraus, dass Hartwig Köhler keine Baugenehmigung für die Wohnanlage in *Stoppenberg* hatte.

K
Martin Faber macht mit Friso Breugel eine Tour durch *Essen*.

E, … ____

2 Wer steckt hinter den „Unfällen" von Friso Breugel?

3 Warum macht diese Person das? Ihre Meinung?

4 **Sie kennen nun alle Personen. Was passt zu wem? Einmal passt es auch zu zwei Personen.**

Petra Dressler

Martin Faber

Friso Breugel

Hartwig Köhler

Uwe Koslowski

Sofia Galanis

Horst Briske

1. Sie arbeitet bei der ‚Evonik'. ______________________________

2. Sie ist nicht glücklich mit ihrer neuen Wohnung. ___________

____

3. Er hat ein Büro mit drei Mitarbeitern. _____________________

____

4. Er liebt ‚seine' Stadt und ihre Sehenswürdigkeiten. __________

____

5. Er interessiert sich für Architektur. __________________________

____

6. Sie wohnt in *Stoppenberg.* _________________________________

7. Er baut Wohnanlagen. _____________________________________

8. Er arbeitet nicht immer legal. _____________________________

9. Er war Bergmann von Beruf. ______________________________

10. Er kümmert sich um Friso Breugel. _________________________

____

Lösungen

Fragen und Aufgaben zu den einzelnen Kapiteln

Kapitel 1

1 1. 1B, 2C, 3A
2. 1C, 2A, 3B

2 B

3 1. r, 2. f, 3. r, 4. f., 5. f.

4 1. 1847, 2. 2001, 3. 1932, 4. 1986

Kapitel 2

1 B

2 Rundgang, Maschinen, Ausgang, Höhepunkt, Rundblick

3 Steiger/Bergmann

Kapitel 3

1 1. In einem kleinen gemütlichen Hotel
2. Kupferdreh
3. Jemand war in seinem Zimmer (und hat etwas gestohlen/gesucht?).

Kapitel 4

1 5, 2, 1, 4, 3

2 1. ... Konzerte und Musicals, früher eine Fabrik. 2. Das ist eine Siedlung (Gartensiedlung) für Krupp-Mitarbeiter. 3. Das ist der ehemalige Wohnsitz der Familie Krupp. Heute sind Kunstausstellungen und eine Ausstellung zur Geschichte der Familie und der Firma drin. 4. Das ist der Stausee der Ruhr. 5. Das ist einer der schönsten Parks in Deutschland.

3 1. Krupp; 2. Ein Stand/Schnellrestaurant, wo man etwas essen kann; 3. Grillhähnchen / Currywurst und Pommes frites mit Ketchup und Mayonnaise; 4. Vor dem Georg-Melches-Stadion in der Hafenstraße

Kapitel 5

1 1. B, 2. A

2 1. Friso knickt mit dem Fuß um und verliert den Halt (jemand hat ihn geschubst). 2. Köhler

Kapitel 6

1 B

Kapitel 7

1 1. Sie treffen sich um 10.00 Uhr. 2. Sie wollen eine Wohnanlage besichtigen. 3. Uwe Koslowski hat sie geplant. 4. Hartwig Köhler hat sie gebaut. 5. In der neuen Wohnung gibt es überall Risse in den Wänden. 6. Sie wollen mit Koslowski sprechen.

Kapitel 8

1 1. F, 2. B, 3. B, 4. F, 5. B, 6. F, 7. F, 8. B

2 1. schiefe Häuser, 2. nicht so stabil, 3. auch, 4. schwarzer BMW, 5. eine Drohung, 6. ein kleiner Laden

Kapitel 9

1 *Persönliche Meinung*

2 1. f, 2. f, 3. r, 4. r, 5. f

Kapitel 10

1 1. dass Köhler überführt/verhaftet/der Täter ist, 2. Der Name der Musikgruppe im Radio passt gut zum Thema ihrer Recherche.

2 *Persönliche Meinung*

Fragen und Aufgaben zum gesamten Text

1 I, C, K, B, G, D, A, F, J, H

2 Hartwig Köhler
(Am Anfang könnte man auch denken, dass es Koslowski ist.)

3 *Persönliche Meinung*
(Köhler will nicht, dass Breugel recherchiert und dass sein Betrug herauskommt.)

4 1. Petra Dressler; 2. Sofia Galanis; 3. Uwe Koslowski; 4. Martin Faber; 5. Uwe Koslowski, Friso Breugel; 6. Sofia Galanis; 7. Hartwig Köhler; 8. Hartwig Köhler; 9. Horst Briske; 10. Martin Faber

Bildquellen

S. 8: laif (Hub), Köln;
S. 9: The Library of Congress (PD), Washington, D.C.;
S. 11: Wikimedia Foundation Inc. (PD), St. Petersburg FL;
S. 14, oben: laif (Linke), Köln;
S. 14, unten;
S. 15: Essen Marketing GmbH (Peter Wieler), Essen;
S. 16, oben: Imago Stock & People, Berlin;
S. 16, unten: Imago Stock & People (City-Press), Berlin;
S. 18: imago sportfotodienst (Werner Otto), Berlin;
S. 31, oben: Essen Marketing GmbH (Peter Wieler), Essen;
S. 31, unten: Fotolia LLC (Sigtrix), New York;
S. 35: Essen Marketing GmbH (Peter Wieler), Essen;
Umschlag: Caro Fotoagentur (Oberhäuser), Berlin

Nicht in allen Fällen war es uns möglich, den Rechteinhaber der Abbildungen ausfindig zu machen. Berechtigte Ansprüche werden selbstverständlich im Rahmen der üblichen Vereinbarungen abgegolten.

Weitere Hefte in der Reihe:

Kalt erwischt in Hamburg
ISBN 978-3-12-556001-7

Der Schützenkönig vom Chiemsee
ISBN 978-3-12-556002-4

Verschollen in Berlin
ISBN 978-3-12-556003-1

Die Loreley lebt!
ISBN 978-3-12-556004-8

Das Auge vom Bodensee
ISBN 978-3-12-556009-3

Die Lerche aus Leipzig
ISBN 978-3-12-556010-9